www.ingramcontent.com/pod-product-compliance
Lightning Source LLC
Chambersburg PA
CBHW070337190526
45169CB00005B/1932
9781535246675